PASSAGGI DORATI VERSO LA LIBERTÀ FINANZIARIA

PASSAGGI DORATI VERSO LA LIBERTÀ FINANZIARIA

CONTENUTI

Iniziamo

Il modo in cui pensiamo

Cosa facciamo nella nostra vita

Gioca, vinci o perdi

Iniziamo

I pensieri portano a sentimenti, i sentimenti portano ad attività e le attività portano a risultati. Tutto inizia con i tuoi pensieri, che sono prodotti dal tuo cervello. Non sorprende che i nostri cervelli siano praticamente il fondamento della nostra vita e tuttavia la maggior parte di noi non ha idea di come funzioni questo potente gadget. Quindi, diamo un'occhiata a come funziona il tuo cervello. Metaforicamente, la tua mente non è altro che un enorme archivio, simile a quello che potresti trovare nel tuo ufficio o in casa. Tutti i dati che arrivano vengono elencati e archiviati in cartelle, quindi è facile recuperarli per sopravvivere.

Hai notato che ho detto prosperare e sopravvivere?

In ogni situazione, puoi ricorrere ai file del tuo cervello per determinare come reagire. Diciamo, ad esempio, che stai considerando un'opportunità finanziaria. Vai automaticamente al tuo file etichettato come "finanza" e da lì deciderai cosa fare. Gli unici pensieri che possono decidere sulla liquidità saranno coloro che sono relativi ad essa.

Diamo un'occhiata a come utilizzare correttamente questi file.

I segreti della mente subconscia di un milionario

Come trasferire il piano finanziario per creare ricchezza illimitata sull'autopilota nell'era di Internet.

Il modo in cui pensiamo

Di solito si sceglie sulla base di ciò che si sente che si ritiene logico, ragionevole e appropriato in quel momento. Fai quella che pensi sia la scelta giusta. Il punto, tuttavia, è che la scelta giusta potrebbe non essere una scelta riuscita. In effetti, ciò che ha perfettamente senso per te potrebbe costantemente produrre risultati completamente scarsi. Ad esempio, supponiamo che io sia nel centro commerciale. Vedo questa borsa verde in vendita con uno sconto del 25%. Vado immediatamente ai miei file del cervello con la domanda "Devo prendere questa borsa?" In un nanosecondo, i miei file del cervello tornano con la risposta: "Hai cercato una borsa verde da abbinare a quelle scarpe verdi che ho comprato la scorsa settimana. C'è una connessione! Mentre corro alla cassa, il mio cervello non è solo entusiasta di avere questa bellissima borsa, ma brilla di orgoglio perché ha uno sconto del 25%.

Per il mio cervello, questo acquisto ha molto senso. Tuttavia, in nessun momento il mio cervello ha pensato: "È vero, questa è davvero una bella borsa, ed è vero, è un buon affare, ma oggi ho un debito di $ 3.000, quindi non dovrei comprarla". Non riuscivo a pensare a quei dati perché nessun file nel mio cervello li contiene. Il file "Quando sei in debito, non comprare più" non è mai stato stabilito e non esiste, il che significa che la scelta specifica non è un'opzione.

Mi capisci?

I nostri cervelli

Se si dispone di file in un armadietto che non sono favorevoli per il successo finanziario, queste sono le uniche decisioni che si possono prendere. Saranno istintivi, automatici e avranno molto senso per te. Ma alla fine continueranno a produrre nel migliore dei casi fallimenti finanziari o mediocrità.

Al contrario, se avete file del cervello che supportano il successo finanziario verranno naturalmente e automaticamente collegate al opzioni eal successo dei prodotti. Non dovrai considerarle. Il tuo modo di pensare normale porterà al successo, un po'come Donald Trump. Il tuo normale modo di pensare produce ricchezza.

Quando si tratta di soldi, non sarebbe sorprendente se tu potessi pensare intrinsecamente come le persone ricche? Il movimento di apertura a qualsiasi cambiamento è coscienza, il che significa che il movimento di apertura del pensare come le persone ricche è di sapere come gli individui ricchi pensano.

Le persone ricche pensano in modo molto diverso dalle persone povere e della classe media. Pensano diversamente al denaro, alla ricchezza, a se stessi, agli altri e a qualsiasi altro aspetto della vita. Esamineremo alcune di queste differenze e, come parte della tua revisione, installeremo "archivi di ricchezza" alternativi nel tuo cervello.

Con i nuovi file arrivano nuove opzioni. Potresti sorprenderti quando passerai dal pensare come individuo povero o di classe media e consapevolmente spostare la tua attenzione su come gli individui ricchi pensano. Ricorda, si può decidere di pensare in modo da avvicinarsi alla felicità e al successo, oppure allontanarsi da esse.

Alcune precauzioni per iniziare. In nessun modo, forma o condizione voglio degradare le persone povere. Non credo che i ricchi siano migliori. Sono semplicemente più ricchi. Allo stesso tempo, voglio assicurarmi che comprendano il messaggio, quindi farò le distinzioni tra ricchi e poveri il più estreme possibile.

Quando parlo di individui ricchi, poveri e della classe media, intendo il loro modo di pensare, in che modo le persone pensano e agiscono invece della quantità di denaro che hanno o del loro valore per la società.

Generalizzerò. Ancora una volta, il mio obiettivo è assicurarmi di farti comprendere il punto di ciascun principio e di utilizzarlo. In generale, non mi riferirò sempre specificamente alla classe media, perché gli individui della classe media hanno comunemente un mix di mentalità ricche e povere.

Molti dei precetti possono sembrare avere più a che fare con le abitudini e le attività che con i modi di pensare. Le nostre attività provengono dai nostri sentimenti, che provengono dai nostri pensieri. Pertanto, ogni attività ricca è preceduta da un ricco modo di pensare.

Infine, ti chiederò di essere disposto a rinunciare ad avere ragione! Ciò che intendo con questo è di essere disposto a rinunciare a doverlo fare a modo tuo. Perché?

Perché come pensi ti ha dato esattamente quello che hai oggi. Se vuoi rimanere nella tua condizione, continua a fare a modo tuo. Tuttavia, se non sei ancora ricco, potrebbe essere il momento di prendere in considerazione un altro percorso. Dipende da te. I concetti che stai per apprendere sono semplici ma profondi.

Apportano cambiamenti reali per le persone reali nella vita reale. Se le impari e le usi, sono sicuro che trasformeranno anche la tua vita.

Alla fine di ogni sezione, ti imbatterai in un annuncio e in un movimento fisico con cui "ancorarlo" nel tuo corpo. Allo stesso modo, troverai attività che ti aiuteranno ad acquisire questo file di ricchezza.

È fondamentale mettere in azione ogni file nella tua vita il più velocemente possibile in modo che la conoscenza possa spostarsi a livello fisico, cellulare e produrre cambiamenti permanenti e irreversibili.

La maggior parte delle persone capisce che siamo fatti di abitudini, ma ciò che non riconoscono è che in realtà ci sono due tipi di abitudini: abitudini del fare e abitudini del non fare. Tutto ciò che non stai facendo in questo momento, lo stai facendo con l'abitudine di non farlo.

L'unico modo per modificare queste abitudini del non fare è farle. Studiare ti aiuterà, ma è un mondo completamente diverso quando passi dallo studio all'agire. Se prendi davvero sul serio il successo, provalo e fai le attività suggerite.

Cosa facciamo nella nostra vita

Se si desidera avere una ricchezza materiale, è fondamentale prendere in mano iltimone della tua vita, e farloa lungo termine. Se non si ha la fiducia necessaria a fare questo, allora puoi star certodel fatto che si ha intrinsecamente poco o nessun controllo sulla propria vita e quindi, non si potrà ottenere nessun controllosul successo finanziario. Questo non è un atteggiamento di ricchezza.

Questo è l'atteggiamento di chi di solito spende una fortuna nel giocare alla lotteria. Queste persone credono davvero che la loro ricchezza verrà da qualcuno che sceglie il proprio nome da un'urna piena di numeri. Certo, tutti vogliono vincere alla lotteria e anche gli individui facoltosi giocano per divertimento di tanto in tanto. Ma di certo non spendono metà del loro stipendio per i biglietti, e in secondo luogo, vincere alla lotteria non è il loro "piano" principale per produrre ricchezza.

Devi fidarti che sei quello che produce il tuo successo, che sei quello che produce la tua mediocrità e che sei quello che produce la tua lotta intorno al denaro e al successo. Consciamente o inconsciamente, sei sempre tu. Invece di assumersi la responsabilità di ciò che sta accadendo nella propria vita, i poveri scelgono di svolgere il ruolo di vittima. Il pensiero predominante di una vittima è spesso "povero me". Quindi, secondo la legge dell'intenzione, questo è letteralmente ciò che le vittime ottengono: diventano "povere".

Si noti che ho detto che svolgono il ruolo di vittima. Non ho detto che siano vittime. Non penso che qualcuno sia una vittima. Credo che gli individui svolgano il ruolo di vittima, poiché credono che ciò dia loro qualcosa.

Cosa otteniamo

Come puoi sapere quando gli individui giocano a essere la vittima? Lasciano 3 indizi evidenti.

Traccia 1: Fallimento

Quando si tratta del motivo per cui non sono ricchi, la maggior parte delle vittime sono professionisti del "gioco della colpa". L'obiettivo di questo gioco è vedere su quante persone e condizioni possono puntare il dito. Almeno è divertente per le vittime. Purtroppo, non è così divertente per chiunque sia abbastanza sfortunato da stare con loro. Questo perché coloro che sono vicini alle vittime diventano facili bersagli.

Le vittime danno la colpa al sistema economico, al governo, alla borsa, al suo agente di borsa, al suo tipo di attività, al suo datore di lavoro, ai suoi impiegati, al suo direttore, all'ufficio centrale, al servizio clienti, al reparto spedizioni, al partner, al potere superiore e naturalmente danno sempre la colpa ai loro genitori. È sempre qualcun altro o qualcos'altro che è la colpa. Il problema è qualcosa o chiunque tranne loro.

Traccia 2: ottimizzano

Se le vittime non sono colpevoli, le troverai spesso razionalizzare la loro situazione dicendo qualcosa del tipo "Il denaro non ha davvero senso". Lascia che ti faccia questa domanda: se dicessi che il tuo partner, o il tuo ragazzo, o il tuo amico, non sono così importanti, rimarrebbero per molto tempo? Non credo, e nemmeno i soldi!

Avresti una moto se non fosse importante per te? Ovviamente no. Avresti un animale domestico se non fosse importante per te?

Ovviamente no. Allo stesso modo, se non pensi che il denaro sia importante, non ne avrai.

Può stupirti il fatto di avere già familiarità con questo tipo di intuizione.Immagina di essere in una conversazione con qualcuno che dice: "Il denaro non è importante." Metti una mano sulla fronte e alza lo sguardo come se stessi ricevendo un messaggio dal cielo, quindi grida: "Sei al verde!" Lacoscienzascandalizzata dell'altro risponderà senza dubbio: "Come lo sapevi?" Poi si estende il palmo e si risponde "Che altro vuoi sapere? Dammi$ 50, per favore!" Diciamocelo chiaramente: chiunque affermi che il denaro non è importante è perché non ne ha! Le persone ricche comprendono l'importanza del denaro e il suo posto nella nostra società. D'altra parte, le persone povere convalidano la loro goffaggine finanziaria usando confronti irrilevanti. Sosterranno: "Bene, i soldi non sono così significativi come l'amore". Ora, è un confronto equo o cosa? Cos'è più cruciale, il braccio o la gamba? Forse entrambi sono significativi.

Il denaro è estremamente significativo nelle aree in cui lavorate ed eccessivamente insignificante nelle aree in cui non lo fate. E mentre l'amore può far girare il mondo, certamente non paga per costruire alcun ospedale, chiesa o casa. Né nutre nessuno. Nessun individuo ricco crede che il denaro non sia significativo.

Traccia 3: piagnistei

Piangersi addossoè la cosa peggiore che puoi fare per la tua salute o ricchezza. Perché? Sono un grande sostenitore della legge universale che dice: "Se ci pensi si avvera".

Quando ti lamenti, sulle cose di cui ti concentri, qual è la cosa giusta nella tua vita o cosa c'è di sbagliato in essa? Ovviamente ti stai concentrando su ciò che è sbagliato e man mano che ciò su cui ti concentri si espande, continuerai ad acquisire più di ciò che è sbagliato. Molti insegnanti nel campo dello sviluppo personale discutono della Legge di Attrazione, la quale dice che "ciò che è uguale attira ciò che è uguale", il che significa che quando piagnucoli, attiri davvero "immondizia" nella tua vita.

Hai mai notato che chi si lamentadi solito ha una brutta vita? Sembra che tutto ciò che potrebbe andare storto li attragga. Dicono: "È logico che mi lamento, guarda quanto è terribile la mia vita". E ora che conosci sai, puoi spiegar loro: "No, è perché ti lamenti che la tua vita è così brutta. Stai zitto... e non stare vicino a me!".

Il che ci porta ad un altro punto. Devi assicurarti di non averevicino questo genere di persone. Se devi essere in giro, assicurati di portare un ombrello robusto o tutta negatività pensata per loro prenderà anche te!

Ecco alcuni esercizi che prometto cambieranno la tua vita. Per i prossimi 7 giorni, ti sfido a non lamentarti affatto. Non solo ad alta voce, ma anche nella tua testa. Ma devi farlo per 7 giorni. Come va? Perché per i primi giorni, potresti avere ancora un po'di "spazzatura residua" che è arrivata da prima. Sfortunatamente, la spazzatura non viaggia alla velocità della luce, sai, viaggia alla velocità della spazzatura, quindi può richiedere del tempo per ripulirla.

Fallimento, razionalizzazione e piagnistei sono come pillole. Non sono altro che riduttori di tensione. Alleviano lo stress del fallimento. Tieni conto di questo. Se un individuo non fallisse in qualche modo, forma o direzione, dovrebbe fallire, razionalizzare o lamentarsi? La risposta ovvia è no.

Da ora in poi, quando ti senti fallire, razionalizzare o lamentarti in modo disastroso, smetti di farlo immediatamente. Ricordate a voi stessi che siete gli artefici della vostra vita e che siete voi stessi a produrre cose buone o no nella vostra vita. È fondamentale scegliere saggiamente pensieri e parole!

Ora sei pronto per ascoltare uno dei più grandi segreti del mondo. Leggi attentamente: non esiste un ricco che si lamenta! Capito? Inoltre, chi ci crederebbe? "Whaa, ho un graffio sul mio yacht." Quasitutti risponderebbero: "A chi importa?"

Cosa ottengono le persone dall'essere una vittima? La risposta è attenzione. Fidati di me; è quasi impossibile essere veramente felici e di successo quando si cerca continuamente l'attenzione. Perché se ciò che vuoi è attenzione, sei in balia degli altri.

Di solito finisci per essere un "lamentoso" chiedendo l'approvazione. Anche cercare attenzione è un problema, poiché gli individui tendono a fare cose stupide per ottenerla.

Ora, come ho detto, non esiste una vittima ricca. Quindi, per rimanere una vittima, chi cerca assistenza si assicura che non diventino mai ricchi. È tempo di scegliere. Puoi essere una vittima o puoi essere ricco, ma non puoi essere entrambi.

Ascolta. Ogni volta, e intendo ogni volta che incolpano, razionalizzano o si lamentano, si tagliano la gola finanziaria. È tempo di riacquistare il tuo potere e riconoscere che produci tutto ciò che è nella tua vita e tutto ciò che non è in essa. Riconosci che produci la tua ricchezza, la tua non-ricchezza e ogni livello intermedio.

Proclamazione: metti la mano sul cuore e dì...

"Produco il livello preciso del mio successo finanziario!"

Tocca la testa e dichiara...

"Ho una mente milionaria!"

1. Ogni volta che ti senti sorpreso o cominci a razionalizzare e piagnucolare, fai scorrere il dito sullo tuo collo, come un trigger per dire che ti stai tagliandola gola finanziaria. Anche se questo gesto può sembrare un po'grossolano da farsi, non è più grossolano di quello che fai a te stesso incolpando, razionalizzando o lamentandoti, e alla fine funzionerà per alleviare queste abitudini distruttive.

2. Fai un "informazione". Alla fine di ogni giornata, scrivi una cosa che è andata bene e una che è andata male. Quindi scrivi la risposta alla domanda che accompagna la domanda: "Come ho prodotto ciascuna di queste situazioni?" Se altre persone sono state coinvolte chiediti: "Qual'era la mia parte nella produzione di ciascuna di queste situazioni?". Questo esercizio ti renderà responsabile della tua vita e ti renderà consapevole delle tecniche che funzionano e di quelle che non lo fanno.

Gioca, vinci o perdi

Le persone povere giocano il cash game in difesa anziché in attacco. Lascia che ti chieda: se dovessi praticare uno sport o un gioco puramente di difesa, quali sono le possibilità che tu abbia successo in quel gioco? La maggior parte degli individui sarebbe d'accordo. Tuttavia, questo è esattamente il modo in cui la maggior parte delle persone gioca con i soldi. La tua preoccupazione principale è la sopravvivenza e la sicurezza piuttosto che produrre ricchezza e abbondanza.

Qual è il tuo obiettivo? Qual è la tua vera intenzione? L'obiettivo degli individui veramente ricchi è di avere ricchezza e abbondanza. Non un po 'di soldi, ma molti soldi. Qual è il grande obiettivo delle persone povere? "Avere abbastanza per pagare le bollette... e in tempo sarebbe un miracolo!" lascia che ti parli del potere dell'intenzione. Quando la tua intenzione è quella di avere abbastanza per pagare le bollette, questo è esattamente ciò che stai per acquisire, abbastanza per pagare le bollette e non un centesimo in più.

Gli individui della classe media vanno almeno un passo avanti... peccato che sia un passo piccolo. Il lorograde obiettivo nella vita è anche la parola preferita in tutto il mondo. Vogliono solo essere "a proprio agio". Odio destabilizarti, ma c'è una grande differenza tra essere a proprio agio ed essere ricchi.

Realizzazioni

Devo ammetterlo, non l'ho sempre riconosciuto. Ma uno dei motivi per cui sono fiducioso di avere il diritto di scrivere questo libro è che ho avuto l'esperienza di essere stato su tutti e tre gli status sociali. Sono stato super al verde, come quando ho dovuto prendere in prestito un dollaro per il gas nella mia auto. Ma lasciami spiegare.

Prima di tutto, non era la mia macchina. In secondo luogo, quel dollaro è arrivato sotto forma di 4 quarti. Sai quanto è imbarazzante per un adulto pagare il gas con 4 monete?

Il ragazzo alla pompa di benzina mi guardò come se fossi una specie di ladro di distributori automatici e poi scosse la testa e rise. Non so se riesci a identificarti, ma è stato sicuramente uno dei miei minimi finanziari e purtroppo non l'unico.

Una volta riorganizzato, mi sono laureato con un livello confortevole. Stare nel comfort è carino. Almeno uno va in ristoranti decenti per un cambiamento. Ma quasi tutto ciò che potevo chiedere era il pollo. Non c'è niente di sbagliato nel pollo, se è quello che vuoi davvero. Ma spesso non lo è.

In effetti, le persone che sono solo economicamente a proprio agio decidono comunemente cosa mangiare guardando sul lato destro del menu, sul lato dei prezzi. "Cosa ti piacerebbe cenare stasera, cara?" "Prenderò questo piatto da $ 8. Vediamo di cosa si tratta. Sorpresa, è il pollo" per la diciannovesima volta questa settimana!

Quando ti senti a tuo agio, non osi far vedere ai tuoi occhi il fondo del menu, perché se lo facessi, potresti trovare le parole più proibite nel dizionario della classe media: valore di mercato! E anche se sei curioso, non ti chiederai mai quale sia il prezzo reale. Prima di tutto, come fai a sapere che non te lo puoi permettere?

In secondo luogo, è assolutamente imbarazzante quando sai che il cameriere non ti crede quando dice che il piatto costa $ 46 con contorni aggiuntivi e dichiari: "Sai cosa, in qualche modo ho un vero desiderio di pollo stasera.".

Devo dire che per me personalmente, una delle cose migliori dell'essere ricchi risiede nel non vedere più i prezzi dei menu, ma secegliereesattamente quello che voglio mangiare, indipendentemente dal prezzo. Ti assicuro che non l'ho fatto quando ero in bancarotta o a mio agio.

Tutto si riduce a questo: se il tuo obiettivo è quello di essere a tuo agio, è probabile che non diventerai mai ricco. Ma se il tuo obiettivo è diventare ricchi, è probabile che vivrai meglio la tua vita.

Tra i principi che insegno c'è "Se puntialle stelle, continuerai a colpire la luna". I poveri non puntano nemmeno al tetto della loro casa e poi si chiedono perché non ci riescano. Bene, hai imparato.

Ottieni ciò che vuoi veramente ottenere. Se vuoi diventare ricco, il tuo obiettivo deve essere quello di essere ricco e non avere abbastanza per pagare le bollette o avere abbastanza per sentirsi a proprio agio. Ricchezza significa ricchezza!

Proclamazione: Metti la mano sul cuore e ripeti...

"Il mio destino è diventare milionario e basta!"

Tocca la testa e dichiara...

"Ho una mente milionaria!"

PASSAGGI DORATI VERSO LA LIBERTÀ FINANZIARIA

1. Stabilisci dueobiettivi finanziari che dimostrano la tua intenzione di produrre abbondanza, non mediocrità o povertà.

2. Scrivi gli obiettivi "gioca per ottenere":

a. Reddito annuale

b. Patrimonio netto

Rendi questi obiettivi raggiungibili con un lasso di tempo onesto e, allo stesso tempo ricordati di "puntare alle stelle".

2. Andare in un ristorante elegante e ordinare un pasto "di valore di mercato" senza chiedere quanto costa. (Se le finanze sono limitate, la condivisione è accettabile.) Nessun pollo!

AVANTI!! SCEGLI LA TUA LIBERTÀ FINANZIARIA !!!

Visita la nostra pagina degli autori su Amazon! E ottenere più libri di MENTES LIBRES!

https://www.amazon.it/MENTES-LIBRES/e/B08274DDV4?ref_=dbs_p_ebk_r00_abau_000000

Se lo desiderate, potete lasciare il vostro commento su questo libro cliccando sul seguente link in modo che possiamo continuare a crescere! Grazie mille per il vostro acquisto!

https://www.amazon.it/dp/B089NXXQM5

www.ingramcontent.com/pod-product-compliance
Lightning Source LLC
Chambersburg PA
CBHW050307220526
45465CB00002B/859